ENVIRONNEMENT

LA NATURE EN DANGER

Titre original : *Wildlife in danger*

© Éditions Gamma,
60120 Bonneuil-les-Eaux, 2004,
pour l'édition française.
Traduit par Jacques Canezza.
Dépôt légal : septembre 2004.
Bibliothèque nationale.
ISBN 2-7130-2018-2

Exclusivité au Canada :
Éditions École Active
2244, rue de Rouen, Montréal,
Qué. H2K 1L5.
Dépôts légaux : septembre 2004.
Bibliothèque nationale du Québec,
Bibliothèque nationale du Canada.
ISBN 2-89069-768-1

Loi n° 49-956 du 16 juillet 1949
sur les publications destinées à la jeunesse.

Imprimé en Italie.

Crédits photographiques :
Couverture, hg & 29 hd (Richard Jones), b & 23 b (SIPA Press) - Rex Features Limited. Pages 4 (Ron Giling), 5 h, 24 b (Adrian Arbib), 6 h (Peter Weimann), 6–7, 26 m (Mark Carwardine), 7 bg (Fred Bavenden), 8 b (Thomas Raupach), 9 h (Julio Etchart), 9 b (Hartmut Schwarzbach), 10 b (Ray Pfortner), 10-11 (Daniel Dancer), 11 g (Klein/ Hubert) 11 hd, 19 m, 28 m (Roland Seitre), 11 h (Laurent Touzeau), 12 b (Aldo Brando), 14 b (J.J. Alcalay), 16 h (Lynn Funkhouser), 16 bd (B&C Alexander), 18 h (Anthony Leclerc), 18 hd (Cailey Ermer), 19 h (Mark Edwards), 21 bm (Pierre Gleizes), 21 bd (Tom Walmsley), 22 h (Yves Lefevre), 27 h (John Maier), 29 hg (Michel Gunther), 29 b (Cyril Ruoso), 28 bg - Still Pictures. 5 b, 6 b, 7 d, 13 b, 17 b, 25h & b, 30 - Corbis Images. 8-9 © Greenpeace/ Grace, 10 h Greenpeace/ Rouvillois, 20 g © Greenpeace/ Morgan, 20–21 © Greenpeace/ Yashwant, 21 h © Greenpeace/ Beltra, 21 bg © Greenpeace/ Verbelen, 26 b © Greenpeace/ Kiryu. 12, 14 h - USDA - SCS Photo. 12–13 h © WFP/ FAO Photo. 13 h - WFP/ FAO/ F. Betts. 15 h (Martin Lee), 15 m (Organic Picture Library), 15 b (Wildtrack Media), 16 bg (Michael Dunlea), 19 b, 22 bd (SIPA Press), 22 bg (WSPA), 24 h (Andrew Terrill), 29 g (Cavendish Press), 28 d (Bachmann), 29 d (Per Tormod Nilsen), 3, 4-5, 17 h, 18 b, 20 d, 23 h - Rex Features Limited. 26 h © WWF/ UK. 28 bd - Dover Books.

ENVIRONNEMENT

LA NATURE EN DANGER

Steve Parker

GAMMA • ÉCOLE ACTIVE

SOMMAIRE

Certains animaux s'adaptent à la présence de l'homme. Les cigognes s'installent parfois au sommet d'un poteau électrique ou d'une cheminée.

Les tortues de mer sont protégées par des accords internationaux. Mais il est difficile d'appliquer ces lois dans des endroits reculés, en particulier quand les habitants chassent les tortues depuis des siècles pour leur viande, leur cuir et leur carapace.

INTRODUCTION

Nous avons souvent un animal préféré : le tigre puissant et féroce, le gorille imposant et taciturne ou le panda au regard si doux. Mais ces animaux sont menacés de disparition. Des milliers d'autres espèces, depuis les insectes jusqu'aux baleines, sont aussi menacées, ainsi que certains arbres rares et bien d'autres plantes. Les habitats naturels de notre planète se réduisent chaque jour sous les assauts d'un grand nombre d'activités humaines. Sauver la nature de ces dangers est une tâche gigantesque. Certains progrès sont réalisés mais, pour quelques animaux et plantes, il est peut-être déjà trop tard.

L'écotourisme, comme les safaris-photos, permettent de réunir des fonds pour protéger la nature qu'ils font découvrir.

Les anthropoïdes sont les gorilles, les chimpanzés, les orangs-outans et les gibbons. Leur survie est gravement menacée par leur plus proche cousin : l'homme.

6 VRAIMENT SAUVAGE ?

Certaines personnes pensent qu'il est déjà trop tard pour sauver la vie sauvage, parce que l'homme est partout présent et qu'il ne reste presque plus d'endroits vraiment préservés dans le monde.

Y A-T-IL ENCORE UNE VIE SAUVAGE ?

La présence de l'homme est visible pratiquement partout. Des alpinistes conquièrent les plus hautes montagnes, des courses se déroulent dans les déserts et la pollution affecte les glaces polaires et le fond des océans. Et tous les continents sont concernés par les changements climatiques dus au réchauffement de la planète.

Ces gazelles et cette lionne (ci-dessous) vivent dans une réserve naturelle qui vise à recréer leur environnement naturel. Les touristes peuvent s'approcher des animaux pour prendre des photos.

Les léopards des neiges (page opposée) vivent dans l'Himalaya où ils sont encore chassés pour leur fourrure. Des gardes (à gauche) protègent les gorilles des braconniers.

Point chaud

L'Antarctique est considéré comme le dernier endroit préservé de la planète. Mais les compagnies minières et pétrolières demandent régulièrement l'autorisation d'exploiter ses richesses. Face à la pénurie de matières premières, allons-nous autoriser le pillage de ce continent et provoquer ainsi un désastre pour sa faune ?

Manchots empereurs en Antarctique.

LES ÉCOSYSTÈMES

Des animaux et des plantes vivent ensemble et dépendent les uns des autres dans un système complexe de relations appelé « écosystème ». La protection des espèces ne concerne bien souvent que celle des animaux impressionnants, comme les grands félins ou les aigles. Mais la survie de la nature ne se limite pas à la protection de certaines espèces : elle dépend surtout de la préservation des écosystèmes et des habitats.

Les baudroies des fonds marins ne voyaient jamais la lumière. Aujourd'hui, elles sont de plus en plus souvent capturées par d'immenses filets et deviennent rares.

8 QUI EST LE PLUS DANGEREUX ?

L'homme est l'espèce animale de grande taille la plus nombreuse sur Terre. Nous sommes plus de six milliards et ce nombre continue d'augmenter très rapidement.

L'HOMME ET SES ANIMAUX

Les animaux les plus communs sont les animaux de ferme, avec 1,3 milliard de bovins et presque autant de moutons. Les animaux sauvages les plus nombreux – environ 15 millions – sont sans doute les phoques crabiers qui vivent dans l'Antarctique. Cette différence étonnante montre la domination de l'homme et des animaux domestiques sur les animaux sauvages.

Les plages des paradis tropicaux semblent très paisibles. Mais des filets sont tendus pour réduire les risques d'attaque contre les baigneurs. De nombreux requins sont victimes de ces filets.

DE PLUS EN PLUS D'HOMMES

Ce diagramme montre l'augmentation continue de la population mondiale depuis 1950. Aujourd'hui, trois bébés naissent chaque seconde. Les hommes auront besoin de plus en plus de place pour vivre et produire leur nourriture. Les espaces naturels vont donc continuer à diminuer.

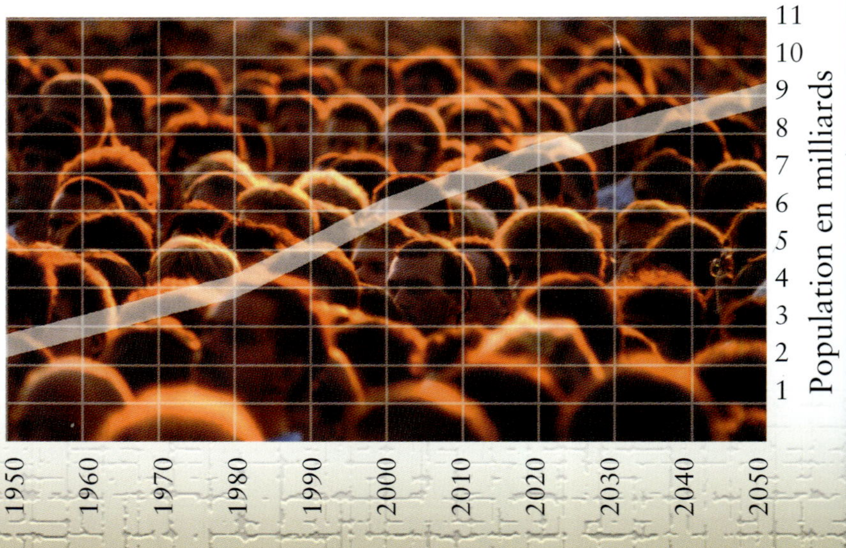

Plus « écolo »

L'argent des touristes éveille la convoitise et menace des régions jusqu'à présent relativement intactes. Les aménagements touristiques menacent les modes de vie traditionnels qui étaient en équilibre avec la nature.

Chitwan au Népal.

Des vies confortables

Plus d'un milliard de personnes possèdent des maisons confortables et de nombreux biens de consommation, tels que des lave-vaisselle, des automobiles et des téléviseurs. Mais ce style de vie met la nature en danger, car il entraîne la déforestation, le creusement de mines, les forages de pétrole, la construction d'usines…

Des millions de voyageurs partent en vacances en avion. Mais l'exploitation des matières premières et des sources d'énergie nécessaires pour construire les avions et les faire voler nuit à l'environnement.

10 LA DESTRUCTION DES HABITATS

De nombreuses menaces pèsent sur les animaux et les plantes. Mais la plus importante d'entre elles est de loin la destruction des habitats.

Les forêts tropicales sont détruites à un rythme dramatique malgré leur valeur inestimable. Elles pourraient fournir des substances pour de nouveaux médicaments.

UNE MULTITUDE DE PROBLÈMES

Les forêts tropicales sont – ou étaient – les plus riches réserves de vie sauvage. D'énormes superficies ont été abattues pour utiliser le bois et cultiver la terre. La forêt tropicale est sans doute le meilleur exemple de la destruction d'un habitat, mais de nombreux autres habitats disparaissent chaque jour.

Les marais semblent vides et peu intéressants. Ces habitats sont pourtant les lieux de reproduction de nombreuses espèces aquatiques. Ce sont aussi des escales pour les oiseaux migrateurs.

Point chaud

Le tamarin lion est un petit singe de la forêt brésilienne. Il disparut presque dans les années 1970 en raison de la déforestation. Mais il fut sauvé par une action de protection. En 1990, le nombre des tamarins lions avait augmenté, ainsi que celui des animaux qui partagent son habitat.

Un tamarin lion.

Le seul habitat important qui s'agrandit est l'habitat urbain. Et seuls en profitent quelques animaux « nuisibles » tels que les renards roux, les rats, les souris et les cafards.

Un endroit pour vivre

Nous pouvons tenter de sauver quelques espèces, symboles de la protection de la nature, tels les pandas et les gorilles. Mais si leur habitat disparaît, avec tous les animaux et les plantes qui jouent un rôle essentiel dans leur vie, ils n'auront aucun endroit pour vivre en liberté. Nos efforts n'auront servi à rien.

Les forêts tropicales en danger

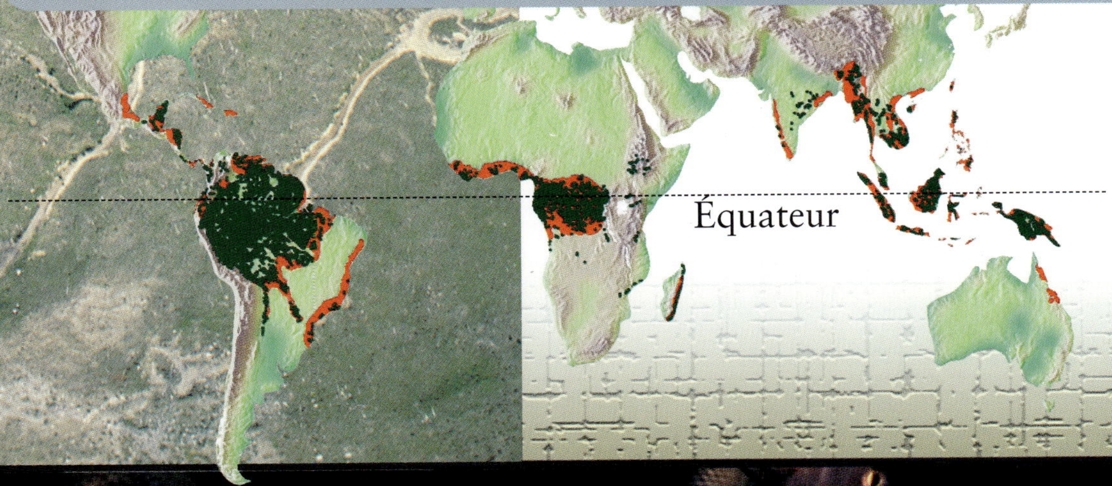

Plus de la moitié des forêts tropicales originelles ont été détruites au cours du siècle dernier. Cette destruction se poursuit à un rythme terrifiant, en particulier dans les régions indiquées en rouge sur cette carte.

LA NATURE CONTRÔLÉE

Une région sauvage est une région où l'homme n'a pas pénétré, où les plantes et les animaux vivent comme ils ont toujours vécu. Mais « région sauvage » peut aussi qualifier un habitat où la biodiversité est limitée, avec un déclin des quantités d'espèces et du nombre d'êtres vivants.

Dans les années 1930, la sécheresse et l'agriculture intensive transformèrent une région des États-Unis en zone semi-désertique, le « Dust Bowl » *(cuvette de poussière) (à l'arrière-plan).*

LA MONOCULTURE

Les terres agricoles et les forêts plantées sont des exemples de régions pauvres en nombre d'espèces. Une seule culture – le blé ou les pins – s'étend à perte de vue. Pratiquement aucune autre plante ni aucun animal ne survivent dans ces monocultures.

Point chaud

Même les créatures marines ne sont pas à l'abri des chasseurs. Des plongeurs les capturent au harpon ou au filet. Mais le plus grand danger pour eux sont les immenses filets des bateaux de pêche qui capturent tous les êtres vivants. Nombre d'entre eux sont ensuite rejetés – morts.

Les coquillages sont aussi menacés par les plongeurs.

LA DÉSERTIFICATION

La forme la plus répandue de dégradation de l'habitat est la désertification. Les animaux domestiques mangent presque entièrement les herbes et les autres plantes. Leurs racines meurent et ne retiennent plus l'humidité ni les particules du sol. À la saison sèche, la couche de surface est facilement emportée par le vent ou par les rares précipitations.

Quand les hommes tentent de survivre en bordure du désert, les animaux domestiques paissent et piétinent le sol. Celui-ci s'épuise et les animaux ne peuvent plus se nourrir.

1 Les racines des plantes retiennent la terre.

2 Le surpâturage tue les racines : le sol sèche, s'effrite et est emporté par le vent.

Les conifères sont des arbres qui ne favorisent pas la biodiversité. On en plante pourtant de plus en plus pour produire du bois de construction.

VIVRE PRÈS DU DÉSERT

Le plus grand désert du monde, le Sahara, progresse chaque année de 3 à 5 km vers le sud. Les habitants de ces terres arides, couvertes de maigres broussailles, tentent de se livrer à l'agriculture et à l'élevage. Mais la couche arable est fine et pauvre et les périodes de sécheresse sont régulières. Le sol se transforme en poussière sablonneuse. Ce processus de désertification se produit dans de nombreuses autres régions.

LES PRAIRIES ARTIFICIELLES

La prairie naturelle s'installe quand le climat est trop sec pour la forêt, mais trop humide pour les broussailles et le désert. Les prairies artificielles, semées en général d'une seule graminée, se répandent rapidement dans le monde entier. Leur biodiversité est pauvre.

Les prairies d'Amérique du Nord, la pampa sud-américaine, la savane africaine et la steppe asiatique sont des prairies naturelles. Leur végétation, abondante et variée, permet à un grand nombre d'animaux, dont le bison, d'y vivre. Mais ces prairies sont aujourd'hui presque toutes cultivées et les animaux ont disparu.

LES CULTURES CÉRÉALIÈRES

Les prairies artificielles sont couvertes de blé, d'orge, de maïs, de seigle, d'avoine, de sorgho ou de millet. Ces plantes sont des céréales et appartiennent à la famille des graminées.

L'herbe pousse dans les jardins et dans les parcs. Mais elle est tondue et traitée pour empêcher le développement de la diversité naturelle.

Point chaud

L'agriculture intensive moderne utilise des engrais et des pesticides chimiques. L'agriculture biologique refuse ces produits polluants et préfère nourrir le sol avec des fertilisants naturels qui favorisent une vie plus diversifiée.

Une ferme biologique.

Des céréales bien entretenues

Les céréales couvrent les trois quarts des terres agricoles dans le monde. Les agriculteurs nourrissent la terre avec des engrais et utilisent des herbicides pour tuer les mauvaises herbes et les insectes. Très peu d'animaux et de plantes sauvages sont capables de survivre dans ces conditions.

Des herbes autochtones poussaient autrefois en Australie. Mais les agriculteurs ont semé de nouvelles herbes qui conviennent mieux à leurs animaux.

LA NATURE NOURRICIÈRE

Les hommes étaient autrefois des chasseurs-cueilleurs. Ils trouvaient toute leur nourriture dans la nature en chassant les animaux pour leur viande et en cueillant certaines parties de plantes.

La pêche à la dynamite se développe dans les eaux tropicales. Elle détruit des récifs et tue de nombreux poissons.

La chasse et la cueillette

Certains peuples – comme les Inuits du Grand Nord et les Aborigènes australiens – suivent encore ces méthodes traditionnelles. Mais ailleurs, la nourriture est tirée de la nature à grande échelle, grâce à la technologie moderne. Le marché du gibier de la brousse africaine est, par exemple, en pleine expansion dans le monde entier.

Dans les régions arctiques, les Inuits chassent le phoque depuis des milliers d'années. Ils ne tuent que les animaux dont ils ont besoin. En Afrique, des espèces rares – telles que certaines antilopes et des gorilles – sont tuées et commercialisées, mais il y a un gaspillage important.

Plus « écolo »
Pour capturer les thons et certains autres poissons, les pêcheurs utilisent de grands filets dérivants dans lesquels les dauphins viennent se prendre et se noyer.

Des dauphins capturés.

La surpêche

La pêche à la baleine à l'aide de bateaux rapides a presque provoqué la disparition de cet animal protégé depuis les années 1980. La surpêche menace aussi les dauphins et les tortues marines.

LA DISPARITION DES POISSONS

Les flottilles de bateaux de pêche sont toujours à la recherche de nouveaux lieux de pêche. Certains de ces lieux ont fourni tellement de poissons qu'ils sont aujourd'hui épuisés. En mer du Nord, par exemple, des poissons comme la morue ont presque disparu. La pêche industrielle capture environ 30 % d'animaux n'appartenant pas à l'espèce recherchée, animaux qui sont malgré tout blessés ou tués.

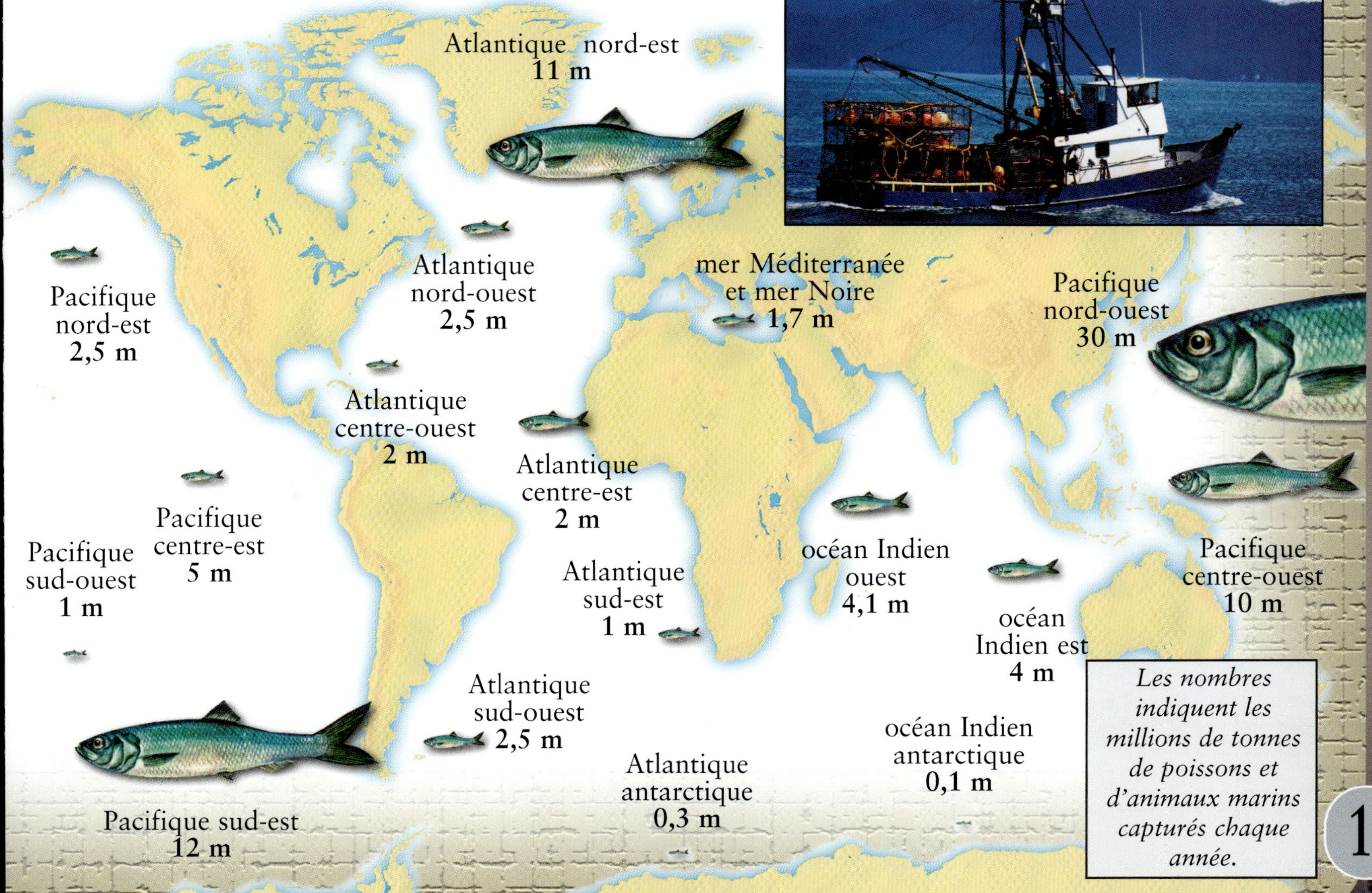

Les nombres indiquent les millions de tonnes de poissons et d'animaux marins capturés chaque année.

DES ENNEMIS PEU NATURELS

Un lapin grignote un brin d'herbe puis détale à l'approche d'un renard. Cette scène qui semble si naturelle ne l'est pas en Australie.

DES ENVAHISSEURS

Le continent australien a souffert plus que toute autre région du monde des ravages provoqués par l'introduction – volontaire ou accidentelle – de nouvelles espèces d'animaux et de plantes.

L'écureuil roux était un animal répandu dans les forêts anglaises. Mais il est progressivement supplanté par son cousin américain – l'écureuil gris – introduit en Grande-Bretagne vers 1900.

DES VISITEURS INDÉSIRABLES

Des animaux et des plantes se sont toujours déplacés vers de nouvelles régions. Ils le font par des moyens naturels : des graines sont portées par le vent et des animaux dérivent en mer sur un arbre. Mais l'homme a accéléré ces introductions : volontairement, comme celle de la chèvre, ou involontairement, comme celle des rats.

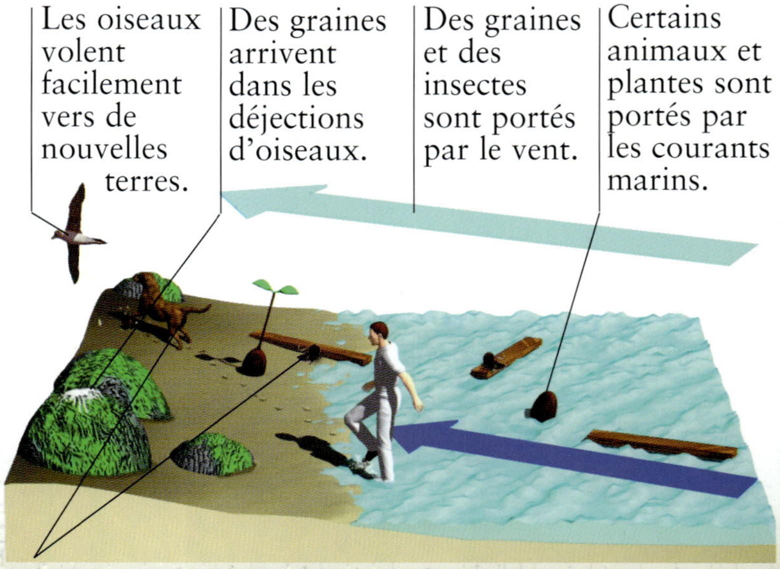

Les hommes arrivent avec des animaux domestiques et des animaux nuisibles.

Les lapins furent introduits en Australie par les premiers colons européens. En 1880, ils s'étaient déjà répandus dans le pays et avaient détruit de vastes étendues de végétation.

Point chaud
L'un des envahisseurs les plus répandus est le rat qui se cache sur les navires de marchandises. Il est omnivore et se nourrit d'œufs. En Nouvelle-Zélande, il mange les œufs du takahe, un oiseau rare, incapable de voler et qui niche au sol. Il faudrait, pour le sauver, éliminer les rats.

Un takahe en Nouvelle-Zélande.

Les chèvres sont capables de survivre dans des conditions difficiles. Elles sont très destructives, en particulier quand les plantes n'ont pas de poison ou d'épines pour les repousser.

Un déséquilibre

Dans son milieu d'origine, le développement d'une espèce est limité par ses prédateurs, par le climat ou les maladies. Dans un nouvel environnement, ces limitations naturelles n'existent pas toujours. L'espèce peut donc parfois se multiplier rapidement, bouleversant l'équilibre local.

Les jacinthes d'eau, originaires d'Amérique tropicale, envahissent aujourd'hui de nombreuses voies d'eau dans le monde entier.

UNE POLLUTION MORTELLE

Les problèmes des déchets et de la pollution de l'air et de l'eau affectent les grandes villes. Mais les produits toxiques et polluants se répandent dans la nature et menacent la faune et la flore.

De nombreux pays ont adopté des lois interdisant le rejet de polluants dans les lacs et les rivières. Des « accidents », tel celui-ci en Inde, sont parfois volontaires.

Des dangers planétaires

Des produits chimiques dangereux, comme les PCB (polychlorobiphényles), sont utilisés dans les plastiques et le matériel électrique. Ils sont ensuite brûlés ou jetés dans des décharges. Ils se répandent très vite dans l'environnement, mais se décomposent lentement. On en trouve dans les endroits les plus reculés, même sur le territoire des ours polaires !

Point chaud

Certaines associations de protection de l'environnement mènent des actions pour attirer l'attention. Leur objectif est de nous faire prendre conscience des dangers qui pèsent sur la nature. Ces manifestants réduisent l'écoulement des déchets d'une usine chimique anglaise.

Greenpeace en pleine action.

Les marées noires sont une forme de pollution visible qui tue les poissons et les oiseaux de mer. Mais les polluants invisibles font beaucoup plus de victimes.

Des poissons morts sur les berges après le déversement de boues toxiques dans une rivière espagnole (encart). Les rivières transportent la pollution sur des centaines de kilomètres.

Dans les pays riches, les produits sont progressivement améliorés pour réduire la pollution. Mais les anciens produits sont vendus aux autres pays où ils sont utilisés sans protection efficace.

Le long de la chaîne alimentaire

En se répandant dans l'air, le sol et l'eau, les polluants deviennent un danger pour les grands carnivores. Ils sont absorbés en faible quantité par les plantes. Leur concentration augmente chez les herbivores qui mangent ces plantes. Ils sont encore plus concentrés chez les prédateurs qui mangent ces herbivores.

L'accumulation des produits toxiques

Les pesticides sont absorbés par les plantes (1). Ils s'accumulent ensuite dans les petits herbivores tels que les campagnols (2) qui mangent ces plantes. Ils s'accumulent en plus grande quantité dans les chouettes (3) qui mangent les campagnols.

On a découvert dans des bélougas – des cétacés – des taux importants de produits toxiques. Des membres de Greenpeace attirent l'attention du public sur le rejet de produits toxiques dans les océans (encart).

HALTE AU BRACONNAGE !

Certains animaux sont menacés par le braconnage, une chasse interdite par la loi. Il existe des moyens de lutter contre le braconnage, mais certains gouvernements ne sont pas décidés à les employer.

POURQUOI LE BRACONNAGE ?

Certains animaux protégés sont capturés vivants pour être vendus sur le marché des animaux de compagnie exotiques. Les animaux les plus menacés sont les oiseaux colorés comme les aras, les singes tels les jeunes chimpanzés et orangs-outangs, les serpents, les poissons et même les araignées. D'autres animaux sont tués pour leur fourrure, leur ivoire, leurs cornes, leurs bois, leurs dents et même pour leur sang.

Plus « écolo »
Des animaleries vendent des oiseaux et des poissons exotiques tels que les dragons de mer. Ces magasins devraient acheter leurs animaux dans des élevages afin de ne pas encourager la capture d'animaux sauvages. Contactez les autorités si vous avez un doute sur leur origine.

Les dragons de mer sont menacés.

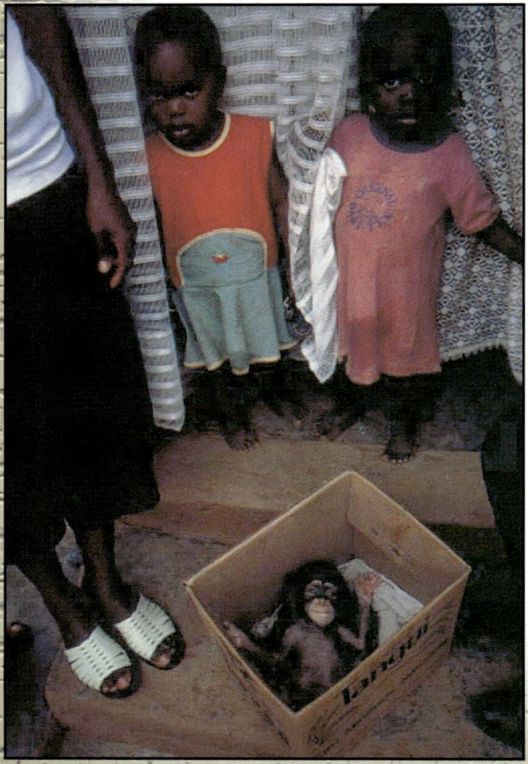

Certains braconniers se spécialisent dans la capture de jeunes animaux qui seront élevés par des hommes.

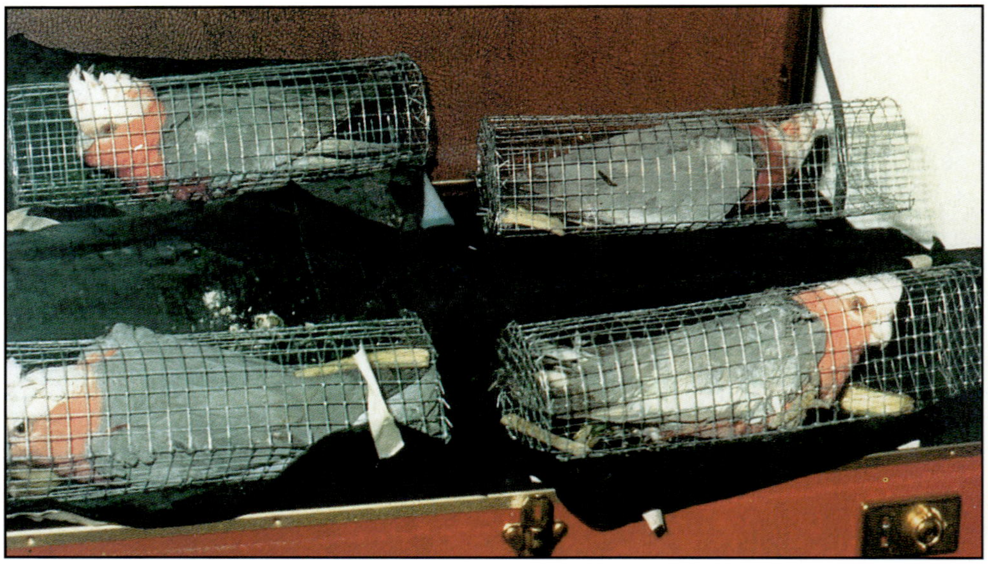

Certains animaux, comme ces cacatoès, sont transportés clandestinement dans des conditions effroyables.

Un magnifique rhinocéros tué pour sa corne.

L'offre et la demande

Les animaux rares peuvent être protégés par des gardes, mais la solution à long terme consiste à supprimer la demande. Il faut convaincre certaines personnes qu'elles peuvent se passer de cendriers faits avec des mains de gorilles, de couteaux à manche en corne de rhinocéros et que la poudre d'os de tigre n'a aucune vertu médicinale. La Convention sur le commerce international des espèces menacées d'extinction limite le trafic mondial de la faune et la flore.

Des pays africains soutiennent l'interdiction du commerce de l'ivoire en brûlant les défenses d'éléphant saisies chez des braconniers.

LES PARCS ET LES RÉSERVES

Des milliers de parcs et de réserves ont été construits dans le monde afin de protéger les plantes et les animaux. Mais la réussite n'est pas toujours au rendez-vous.

DES BESOINS LOCAUX

De nombreuses espèces menacées vivent dans des régions pauvres où les hommes luttent pour survivre. Ils acceptent mal que des terres soient réservées à des animaux et que des fonds soient consacrés au fonctionnement de ces réserves alors que leur famille souffre de la faim. Les parcs peuvent rencontrer le succès si les habitants de la région sont impliqués dans la gestion et le partage des revenus.

Point chaud

Les collectionneurs sont un danger pour des plantes et des animaux sauvages. Le commerce des cactus est important en Amérique. Il est difficile de surveiller les étendues de broussailles pour protéger ces plantes dont certaines ne fleurissent que tous les cent ans.

Cactus en fleur au Mexique.

Une buvette et un magasin pour touristes dans un parc africain. Mais à qui va l'argent ?

SAUVER LE TIGRE ET LES AUTRES AUSSI

L'ouverture de réserves visant à protéger les tigres dans leur habitat profite à de nombreuses espèces rares. Le territoire d'un tigre couvre parfois plus de 50 km^2.

Le tigre a besoin d'un territoire.

De grands territoires

Les grands prédateurs, comme les tigres et les aigles, ont besoin d'immenses territoires pour trouver un partenaire. Dans de petites réserves, les animaux s'accouplant avec des individus parents exposent leur descendance à des problèmes génétiques. Certaines réserves sont reliées entre elles par des « couloirs » qui permettent aux animaux de trouver des partenaires avec lesquels ils n'ont aucun lien.

ÉCHEC DE LA PROTECTION DES POISSONS

La pêche modifie l'équilibre naturel des lagons, ce qui affecte les flamants roses.

Le parc national du Banc d'Arguin s'étend le long de la côte d'Afrique occidentale. Il a été créé en 1976 pour protéger les zones de reproduction du mulet. Mais des chalutiers capturent maintenant, le long de ses limites, les poissons qui viennent s'y reproduire.

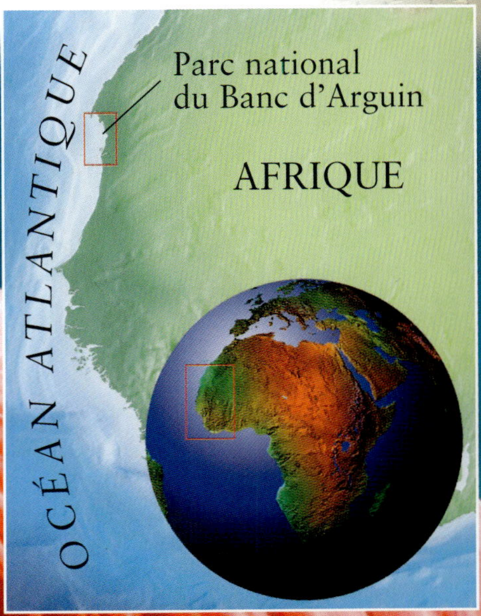

26 L'EXTINCTION DES ESPÈCES

Les espèces menacées les plus connues – telles que les gorilles et les pandas – ne survivront que si nous parvenons à sauver leur habitat. Ces espèces médiatiques sont une source de publicité précieuse.

L'INTÉRÊT DES MÉDIAS

Les espèces médiatiques sont souvent des animaux de grande taille, spectaculaires, féroces ou que l'on a envie de caresser. Elles retiennent l'attention des médias et sont les vedettes des campagnes de protection de la nature, aux dépens de milliers d'autres espèces menacées.

Plus « écolo »

Les campagnes d'adoption d'animaux permettent aux individus, aux écoles et aux associations de s'impliquer dans la protection de la nature. Les personnes qui adoptent un animal peuvent recevoir de ses nouvelles et même lui rendre visite.

Un formulaire du WWF pour l'adoption de rhinocéros.

Le massacre des grands cétacés, tels que la baleine bleue, a pratiquement cessé dans les années 1980. Mais de nombreux petits cétacés ne sont pas protégés et sont toujours pêchés.

Un seul ara de Spix survit à l'état sauvage au Brésil. Il en reste une cinquantaine en captivité et la survie de l'espèce dépend de leur reproduction.

Les disparitions

La protection de certaines espèces d'animaux et de plantes est trop tardive. On estime qu'il y a environ 20 millions d'espèces d'êtres vivants dans le monde et plusieurs disparaissent chaque jour.
La plupart d'entre elles sont des insectes vivant dans des endroits isolés, comme les forêts tropicales. Leur évolution a duré des millions d'années, mais ils sont exterminés en très peu de temps.

Les cinq espèces de rhinocéros doivent être protégées. Quatre sont menacées d'extinction. Le rhinocéros de Sumatra est le plus petit et le plus poilu d'entre eux. Il n'en reste que deux cents individus.

Quand les colons européens arrivèrent en Amérique du Nord, le ciel était obscurci par d'immenses vols de pigeons migrateurs qui furent chassés, piégés et empoisonnés. En 1914, l'espèce avait disparu.

En 1938, une loi fut votée pour protéger le loup de Tasmanie, mais c'était trop tard. Le dernier spécimen connu mourut en 1933.

28 LA CAPTIVITÉ

Personne n'aime voir des animaux retenus en captivité, en cage ou dans des enclos. Mais c'est parfois le seul moyen de sauver certaines espèces de l'extinction.

Des connaissances importantes

En captivité, les animaux ne vivent pas exactement comme ils le feraient en liberté, mais ils peuvent être étudiés par des zoologistes et d'autres scientifiques. Ces études permettent de recueillir des informations qui sont ensuite utilisées pour sauver les individus vivant encore en liberté.

Au cours des années 1980, il ne restait qu'une vingtaine de condors de Californie. Ils furent tous capturés pour favoriser leur reproduction – une décision qui provoqua à l'époque de vives réactions. Il y aujourd'hui plus de 160 individus, dont 50 ont été relâchés dans la nature.

Un millier de pandas géants vivent en liberté dans le sud-ouest de la Chine. Leur reproduction dans des zoos donne des résultats mitigés. Les centres de recherche dans leur habitat ont plus de succès.

La reproduction en captivité a permis de sauver l'oryx d'Arabie. En 1972, il avait disparu à l'état sauvage. À partir de 1982, des animaux nés en captivité ont été relâchés dans la nature.

Point chaud

L'orque Keiko fut la vedette du film *Libérez Willy*. Mais quand il fut relâché dans la nature, après 22 ans de captivité, il préféra ne pas s'éloigner des hommes. Il vit dans une baie norvégienne, près de ses amis humains, bien qu'il soit libre de partir à tout moment.

Keiko préfère la compagnie de l'homme.

Les jeunes orangs-outangs ont besoin de leur mère pour apprendre à survivre dans leur environnement.

DES TERRITOIRES POUR VIVRE

La reproduction en captivité a permis de sauver des dizaines d'espèces de l'extinction. Mais si les principales menaces pesant sur les animaux sont la disparition de leur habitat et le braconnage, sera-t-il suffisant de relâcher dans la nature les individus nés en captivité ? Certains animaux – comme les baleines, les éléphants – et les singes nécessitent un long apprentissage pour trouver leur nourriture et éviter leurs prédateurs. Il est difficile de leur apprendre tout cela en captivité.

30 L'AVENIR

Les raisons de sauver les plantes et les animaux sont nombreuses : le plaisir, la beauté, la fascination, la connaissance scientifique, la possibilité de découvrir de nouveaux produits utiles dans les forêts tropicales...

Encore en danger

Il nous est difficile de décider quelles espèces nous devons sauver. Il nous faut considérer la nature dans son ensemble, comme un système complexe. Pourquoi ne pas décider, avec tes camarades de classe, de vous intéresser à une espèce vivant dans un zoo près de chez toi ? Vous pourriez apprendre à connaître son habitat et les dangers qui la menacent dans la nature.

Adresses utiles

France nature environnement
57, rue Cuvier
75231 Paris Cedex 05
www.fne.asso.fr

World Wide Fund for Nature (WWF)
151, bd de la Reine
78000 Versailles
www.wwf.fr

Association de protection des animaux sauvages (Aspas)
BP 34
26270 Loriol-sur-Drôme
www.aspas-nature.org

Société nationale de protection de la nature
57, rue Cuvier
75005 Paris
www.snpn.com

Ligue pour la protection des oiseaux
136, rue Falguière
75015 Paris
www.lpo.fr

Société française pour l'étude et la protection des mammifères
Bohallard, Puceul
44390 Nort-sur-Erdre
www.mnhn.fr

Fédération des parcs naturels régionaux de France
4, rue de Stockholm
75008 Paris
www.parcs-naturels-regionaux.tm.fr

Réserves naturelles de France
www.reserves-naturelles.org

Ministère de l'écologie et du développement durable
20, av. de Ségur
7032 Paris Cedex 07
www.environnement.gouv

Les Amis de la Terre
53, rue Ramus
75020 Paris
www.amisdelaterre.org

GLOSSAIRE

adaptation : la capacité d'une plante, d'un animal ou d'une personne à survivre dans un lieu particulier. L'ours polaire, par exemple, est adapté à la vie dans le Grand Nord grâce à son épaisse fourrure.

biodiversité : la diversité des espèces vivantes.

écologie : la science qui étudie les relations des êtres vivants entre eux et avec leur environnement.

écosystème : une communauté de plantes et d'animaux dans leur environnement physique.

environnement : tout ce qui nous entoure : le sol, l'eau, l'air, les plantes, les animaux et même les constructions humaines.

extinction : la disparition totale et définitive d'une espèce d'êtres vivants.

habitat : un type particulier d'environnement dans lequel vivent certaines plantes et animaux, tel qu'une rivière, une prairie, un désert ou une forêt tropicale.

PCB : les polychlorobiphényles, des produits chimiques industriels dangereux pour les êtres vivants.

pesticide : une substance utilisée pour tuer les parasites des cultures : insectes (insecticides), végétaux (herbicides), champignons (fongicides).

polluant : une substance nocive pour notre environnement, y compris pour les êtres vivants.

prédateur : un animal qui chasse et se nourrit d'autres animaux.

toxique : se dit d'une substance qui agit comme un poison.